Os Espíritos da Natureza

C.W. Leadbeater

Os Espíritos da Natureza

© 2011, Editora Isis Ltda.

Capa: Equipe técnica editora Isis
Revisão de textos: Maria Lucia Acaccio
Diagramação: Décio Lopes

DADOS DE CATALOGAÇÃO DA PUBLICAÇÃO

Leadbeater, C. W.
Os espíritos da natureza/ C.W. Leadbeater | 2ª edição | São Paulo, SP | Editora Isis, 2013.

ISBN: 85-88886-13-8

1. Parapsicologia 2. Esoterismo 3. Ocultismo I. Título.

Proibida a reprodução total ou parcial desta obra, de qualquer forma ou por qualquer meio seja eletrônico ou mecânico, inclusive por meio de processos xerográficos, incluindo ainda o uso da internet sem a permissão expressa da Editora Isis, na pessoa de seu editor (Lei nº 9.610, de 19.02.1998).

Direitos exclusivos reservados para Editora Isis

EDITORA ISIS LTDA
www.editoraisis.com.br
contato@editoraisis.com.br

Sumário

Uma outra evolução 7
Linhas de evolução 11
As fadas 33
Tipos etnicos 39
Numa montanha sagrada da irlanda 47
Vida e morte das fadas..53
Seus prazeres 55
O romanticismo das fadas 61
Suas atitudes em relação ao ser humano................65
Feitiço 69
Exemplos de amizade 75
Os espíritos da agua..79
Os silfos 89
Seus divertimentos 97
Desenvolvimento anormal....................................105
Vantagens deste estudo...109

Uma outra evolução

Os espíritos da natureza, aos quais devemos considerar como uns dos habitantes autóctones da Terra, tem sido expulsos de diversas partes dela pela invasão do homem, da mesma forma como tem acontecido com os animais silvestres. Do mesmo modo, os espíritos da natureza evitam por completo as cidades populosas e outros lugares onde se reúnem multidões humanas, pelo que ali se percebe apenas sua influência.

Porém nos tranqüilos lugares rurais, nos bosques e campos, nas montanhas e no alto mar, estão sempre presentes, e sua influência é poderosa e omnipenetrante, da mesma maneira que o perfume da violeta embalsama o ambiente ainda que esteja oculta na vegetação.

Os espíritos da natureza constituem uma evolução em separado, hoje, completamente distinta da evolução humana. Todos estamos familiarizados com a trajetória da segunda Onda da Vida, através dos três reinos elementares até chegar ao mineral, do qual ascende pelo vegetal e o animal para alcançar a individualidade no nível humano. Também sabemos que uma vez conseguida esta individualização, o progresso da humanidade leva-nos gradualmente para as etapas do Caminho e depois em progressão ascendente ao Adaptado e às gloriosas possibilidades do além.

Esta é a nossa linha de desenvolvimento, mas não devemos cair no erro de acreditar que seja a única. Neste mundo em que vivemos, a vida divina flui por diversas correntes das quais a nossa é apenas e tão somente uma, e de maneira alguma, a mais importante. Compreenderemos isto melhor, lembrando que a humanidade em sua manifestação física ocupa somente uma pequena parte da superfície terrestre, enquanto que outras linhas de evolução, não só povoam a terra mais densamente que o homem, mas também moram na dilatada planície do mar, e nas matas do ar.

Linhas de Evolução

Na presente etapa, vemos que as diversas correntes que temos comentado fluem paralelamente, ainda que de outras maneiras distintas. Por exemplo, os espíritos da natureza não são e nem serão nunca seres de uma humanidade como a nossa; no entanto a vida deles emana do mesmo Logos solar que emana a nossa e a Ele voltará igualmente como a nossa. Até chegar ao nível mineral, as correntes podem ser consideradas paralelas; mas logo que alcancem o ponto de conversão e subam pelo arco ascendente, se mostrará a diferença.

A etapa mineral é, sabidamente, aquela em que a vida está mais profundamente incorporada na matéria física. Algumas correntes retêm formas físicas nas diversas etapas ulteriores do seu desenvolvimento, fazendo-as, conforme vão avançando, adequadas para a manifestação de sua vida interna, mas existem outras correntes que desde então não se utilizam da matéria densa e durante o resto do seu desenvolvimento neste mundo usam corpos constituídos exclusivamente por matéria etérea.

Desta forma, uma destas correntes ou coletividade de entidades, após passar pela etapa mineral, não se transporta ao reino vegetal senão que toma veículos de matéria etérea para morar no interior da crosta terrestre e no interior das compactas rochas.

Muitos estudantes não chegam a compreender como é possível que existam seres vivos e que estes morem no seio de uma rocha ou no interior da crosta terrestre. Entretanto os seres dotados de veículos etéreos não encontram a mais leve dificuldade para se mover, ver e ouvir através da massa rochosa porque a matéria física é seu ambiente natural e sua peculiar moradia, a única a que estão acostumados e na que se sentem como na sua própria casa. Não é fácil formar-se um conceito exato sobre estes seres inferiores que atuam em amorfos veículos etéreos. Pouco a pouco vão evoluindo até chegar a uma etapa na qual, se bem ainda residem no seio das rochas compactas, vão se aproximando cada vez mais da superfície da terra, em lugar de se esconderem no mais profundo da crosta terrestre; e dentre eles os mais evoluídos são capazes de se mostrarem eventualmente ao ar livre durante um curto período de tempo.

Estes seres foram avistados e, freqüentemente, ouvidos nas cavernas e nas minas. A literatura medieval deu-lhes o nome de gnomos. Nas condições ordinárias, a etérea matéria de seus corpos não é visível aos olhos físicos. Quando se mostram visíveis é porque se revestem de um véu de matéria física, ou aqueles que os tem avistado, possuem uma excitação sensorial extraordinária a ponto de sentir as ondas vibratórias dos éteres superiores e assim poder ver o que normalmente não é perceptível.

Não é estranho nem difícil conseguir uma temporária excitação da faculdade visual, necessária para perceber os espíritos da natureza; por outro lado, a materialização é coisa fácil para seres situados muito próximos dos limites da visibilidade. Assim estes seres poderiam ser vistos com maior freqüência se não fosse pela sua arraigada repugnância aos seus vizinhos, os homens.

Na etapa seguinte de sua evolução, convertem-se em fadas, que como nos humanos, costumam morar na superfície da terra, apesar de possuírem ainda um corpo etéreo. Depois desta etapa passam a ser espíritos aéreos no reino dos devas ou anjos, conforme explicaremos mais adiante.

A onda de vida no reino mineral não só se manifesta por meio das rochas que constituem a crosta terrestre, senão também, por meio das águas oceânicas; que assim como as rochas deixam passar através de si mesmas as formas etéreas inferiores, ainda desconhecidas para os humanos, e que moram no interior do nosso globo, assim mesmo as águas cedem espaço a outras inferiores formas etéreas que tem sua morada nas profundezas dos mares. Neste caso, também a seguinte etapa de evolução nos oferece formas

mais definidas, ainda que etéreas, que vivem no meio das águas, e raras vezes se mostram na superfície. A terceira etapa (correspondente às fadas nos espíritos terrestres) nos dá a visão de espíritos aquáticos que com suas brincadeiras, povoam as dilatadas superfícies dos oceanos.

As entidades que seguem estas linhas de evolução tomam corpos de matéria exclusivamente etérea e não entram nos reinos vegetal, animal ou humano; mas existem outros espíritos que antes da sua diversificação passam pelos reinos vegetal e animal. Assim nos oceanos existe uma corrente de vida

18 | Os Espíritos da Natureza

que ao deixar o reino mineral, entra no vegetal em forma de algas, depois passa pelos corais, esponjas e enormes cefalópodes de entre as águas, para depois se aparentar com os peixes e converterem-se mais tarde em espíritos aquáticos.

Estas entidades conservam o veiculo físico denso até um nível muito elevado; assim da mesma forma observamos que as fadas não somente procedem dos gnomos, mas também das camadas inferiores do reino animal, pois há uma linha de evolução que toca ligeiramente ao reino vegetal em forma de cogumelos, e depois passa pelas bactérias e pequenos seres de diversas espécies, aos insetos e répteis, para depois ascender à formosa ordem das aves, de onde ao final de muitas reencarnações ornitológicas, entra na ainda mais bela comunidade das fadas.

Existe outra linha de evolução que provem do reino vegetal, onde assume as formas de ervas e gramíneas, e depois passa ao reino animal das formigas e abelhas até se converter por fim em seres etéreos que, análogos às abelhas, brincam em torno das plantas e flores, na produção de cujas numerosas variedades influem notavelmente até o ponto de suas funções servirem de auxílio para a especialização e cultivo dos vegetais.

Entretanto convém distingui-los cuidadosamente a fim de evitar confusões. Os diminutos seres que cuidam das flores, podem dividir-se em duas grandes categorias com numerosas variedades em ambas. A primeira categoria é a dos elementais propriamente ditos, que apesar de sua beleza, são somente formas mentais e de nenhuma forma seres vivos. Poderíamos dizer que são criaturas da vida temporal. São muito ativos e atarefados durante sua curta existência, mas não reencarnam, nem evoluem, e uma vez acabada sua obra, desintegram-se se evaporando na atmosfera circundante, da mesma maneira que acontece com nossas formas mentais. São formas mentais dos anjos ou devas, encarregados da evolução do reino vegetal.

Quando a um destes devas lhe vem à mente uma nova idéia relacionada com alguma espécie de planta confiada aos seus cuidados, emite uma forma mental com o determinado propósito de realizar esta idéia. Geralmente a forma do seu pensamento é um modelo etéreo da planta em questão, ou bem

uma diminuta criatura que ronda ao redor da planta, enquanto esta forma os botões e gradualmente vai dando-lhes a configuração e as cores que foram idealizadas pelo deva para aquela flor.

No momento em que a planta adquire seu completo crescimento ou se forma a flor, termina a tarefa do elemental, quem, segundo dissemos, evapora-se sutilmente, extinguindo-se seu poder porque a única alma que o alimentava era a vontade de realizar aquela tarefa determinada.

Porém podem ser vistos, ao redor das flores, outros diminutos seres, verdadeiros espíritos da natureza, dos quais há muitas variedades. Uma das

mais comuns tem formas parecidas aos pássaros chamados de beija-flor e costumam estar ao redor das flores, igual às abelhas. Estas minúsculas e formosas criaturas não poderiam ser nunca humanas porque não seguem a mesma linha de evolução. A vida que as anima tem passado por ervas e gramíneas, tais como a cevada e o trigo no reino vegetal, as formigas e as abelhas no reino animal até alcançar a etapa de diminutos espíritos da natureza que mais tarde se converteriam em formosas fadas de corpos etéreos que vivem na superfície da terra. Posteriormente seriam salamandras ou espíritos do fogo e depois se converteriam em espíritos do ar com corpos astrais em lugar de etéreos, para, por último, passarem ao reino dos devas.

A passagem da vida de um para outro reino não se efetua em rigorosa continuidade, o que ocorre é que existem como degraus em cada uma das variedades, desta forma ficam poucos espaços vazios entre os diversos reinos. Isto se pode ver mais claramente na nossa linha de evolução, porque a vida que chega aos níveis superiores do reino vegetal não passa nunca aos inferiores do reino animal, pelo contrário, entra neste por etapas bastante adiantadas. Assim, por exemplo, a vida que anima uma árvore bem robusta na floresta não descerá jamais, a animar um enxame de mosquitos, nem mesmo uma família de roedores ou ruminantes. Estas formas animais estão animadas pela vida que saiu do reino vegetal no nível da dália ou do dente-de-leão.

Em todo caso é necessário percorrer toda a escalada evolutiva: poderia ser como se a parte dianteira de um reino fosse paralela à parte traseira do reino imediatamente superior, de tal sorte que o trânsito de um para outro pode ser efetuado por diferentes níveis conforme o caso. A corrente de

vida que entra no reino humano foge das etapas inferiores do reino animal; isto é, que a vida que irá alcançar o reino humano não se manifestará jamais em formas de insetos ou répteis. Antigamente entrou no reino animal pelo nível dos enormes sáurios antediluvianos; mas agora passa diretamente das formas superiores vegetais à dos mamíferos. Da mesma maneira, quando se individualizam os mais adiantados animais domésticos, não necessariamente devem humanizar-se pela primeira vez em forma de seres selvagens ou primitivos.

De todas as formas, sabemos que, assim como o reino humano está acima do reino animal, da mesma forma o grandioso reino dos anjos e devas está acima do humano, e que a entrada neste reino é uma das sete portas que se abrem perante os passos do Adepto.

Este mesmo reino dos devas é a etapa superior da evolução dos espíritos da natureza. Nisto vemos outro exemplo do que anteriormente comentamos, porque o Adepto entra no reino dos devas pela quarta etapa, sem passar pelas três inferiores, enquanto que o espírito da natureza entra no reino dos devas pela primeira etapa, ou seja, por onde entram os devas inferiores.

Ao entrar no reino dos devas, recebe o espírito da natureza, a divina faísca da terceira onda de vida, desta forma consegue obter a individualidade, da mesma forma que também a consegue o animal quando entra no reino humano. Porém, da mesma forma

que o animal, só pode individualizar-se estando em contato com o homem, analogamente, os espíritos da natureza, para conseguirem sua individualidade, precisam estar em contato com os anjos, servir como ajudantes e trabalhar com eles, até aprenderem a trabalhar como eles.

Realmente, os mais adiantados espíritos da natureza não são seres humanos etéreos ou astrais,

porque ainda não estão individualizados; contudo são mais adiantados que um animal etéreo ou astral, pois seu grau de inteligência é muito superior ao dos animais, e em outros aspectos igual ao da maioria da humanidade. Por outro lado, os espíritos da natureza de ordem inferior, têm uma inteligência muito limitada, semelhante à das borboletas e abelhas que são muito parecidas entre elas. Os espíritos da natureza abrangem um amplo segmento do arco evolutivo, incluindo etapas correlatas com as dos reinos vegetal, animal e humano, até perto daquela em que se encontra hoje nossa raça.

Alguns tipos inferiores de espíritos da natureza não tem nada de estéticos; mas isto também ocorre

30 | Os Espíritos da Natureza

nas espécies inferiores de répteis e insetos. Existem tribos de espíritos da natureza, ainda não desenvolvidos que possuem gostos grosseiros e, portanto, seus aspectos estão em correspondência com sua etapa de evolução.

As massas com enormes e vermelhas faces que vivem nas emanações etéreas do sangue e dos peixes em estado de putrefação são tão horríveis a olho nu, quanto a sensação que causam nas pessoas de mente pura. Igualmente são repulsivas as criaturas pretas e vermelhas, semelhantes a horríveis crustáceos e outros monstros semelhantes a enormes lulas que se divertem nos vapores alcoólicos e nas orgias e festas onde o álcool predomina. Porém, por muito repugnantes que estes seres pareçam, não são maléficos de per si e nem ficam em contato com o homem, a menos que se degrade ao nível deles, escravizado por suas baixas paixões.

Somente os espíritos da natureza destas espécies inferiores e repulsivas se aproximam voluntariamente ao ser humano mais vulgar. Outros da mesma classe, porém, algo menos materiais, desfrutam em se banhar nas grosseiras vibrações levantadas pela cólera, a avareza, a crueldade, a inveja, o ciúme e o ódio. Quem cede a estes pouco nobres sentimentos fica exposto a estar constantemente rodeado pelas baixas multidões do mundo astral, onde uns a outros se atropelam com tétricas ânsias de saborear um arrebato passional, e na sua cegueira fazem de tudo para provoca-lo e intensificá-lo. Apenas cabe crer que tão horrorosas entidades pertençam ao mesmo reino que os simpáticos e brincalhões espíritos da natureza que vamos descrever.

As fadas

Este é o tipo mais conhecido pelo homem. As fadas vivem normalmente na superfície da terra. Sendo seu corpo etéreo, podem atravessar a vontade a crosta terrestre. Suas formas são muito diversas, mas geralmente tem formas humanas de tamanho diminuto com alguma grotesca exageração em uma

34 | Os Espíritos da Natureza

ou outra parte do seu corpo. Uma vez que a matéria etérea é plástica e facilmente modelável pelo poder do pensamento, são capazes de assumir qualquer aspecto que lhes agrade, se bem que tem por si mesmas formas peculiares que levam quando não necessitam assumir outra com determinado propósito e não exercem nenhum esforço para transmutá-las. Também tem cores próprias que distinguem umas espécies de outras da mesma forma como se distinguem os pássaros por diferentes cores de penas.

36 | Os Espíritos da Natureza

Existe um número muito elevado de raças de fadas cujos indivíduos diferem em inteligência e aptidões, igual ao que ocorre com os homens. Analogamente aos seres humanos, cada raça vive em distinto país e às vezes em diferentes comarcas de um mesmo país, e os indivíduos de cada raça tendem geralmente a se manterem juntos, como acontece com os seres humanos. As fadas estão distribuídas pela superfície da terra tão diversamente como os demais reinos da natureza. Como o reino das aves, do qual algumas das fadas procedem, existem variedades exclusivas de um país, outras que são mais comuns num país e mais raras em outro, sendo que algumas se podem encontrar em todos os países. Também como as aves, as fadas das mais vivas e brilhantes cores moram nos trópicos.

Tipos Etnicos

Os tipos humanos predominantes nas diferentes partes do mundo se distinguem facilmente e são, de certa forma, característicos. Será que esta distinção pode ser proveniente da persistente influência das fadas, que no transcurso dos séculos tenham modulado os seres humanos, animais e plantas da sua vizinhança, estabelecendo as formas nas quais inconscientemente se adaptaram os outros reinos? Por exemplo, não pode ser maior o contraste entre as brincalhonas e dançarinas bonecas de cores alaranjadas, púrpura, escarlate e ouro, que existem entre os vinhedos da Sicília e as discretas criaturas verdes e cinza que se passeiam tranqüilamente pelas beiradas dos riachos na Bretanha, ou as bondosas fadas morenas que freqüentam as montanhas da Escócia.

Na Inglaterra é mais comum a variedade verde esmeralda, que também tem sido vista nos bosques da França, Bélgica, no estado de Massachusetts e nas margens das cataratas do Niágara. As vastas planícies de Dakota estão habitadas por uma variedade branca e preta, que não tem sido vista em nenhum outro lugar, e a Califórnia desfruta de uma outra variedade muito linda, branca e ouro que também parece ser única.

A espécie mais comum da Austrália é muito característica pela admirável luminosidade de cor azul celeste; porém, existem muitas diferenças entre as fadas de Nova Gales do Sul e Vitória e as da tropical Terra da Rainha. As fadas deste último país são muito parecidas com as da Indonésia.

A ilha de Java é muito prolífera nestas graciosas criaturas, das quais existem duas variedades, ambas monocromáticas: uma de cor anil com leves reflexos metálicos, e outra que tem todas as gamas de amarelo. São estranhas, mas muito simpáticas.

Uma surpreendente variedade local está fartamente adornada com listras alternadas verdes e amarelas iguais a uma jaqueta esportiva. Esta variedade listrada é, talvez, a mais conhecida naquela região, sendo vermelha e amarela na península de Malaca, verde e branca ao outro lado do Estreito de Sumatra. Esta grande ilha também desfruta de uma grande variedade de fadas de lindas cores predominando o heliotrópio pálido, que anteriormente somente

se tinha visto nas colinas de Ceilão. A espécie que habita na Nova Zelândia é de cor azul intenso com pequenas marcas prateadas, enquanto que nas ilhas do mar do sul se encontra uma variedade de cor prateada irisada como madrepérola.

Na Índia podemos encontrar diversas espécies de fadas, desde as de cor rosada e verde pálido ou azul claro e amarelo esverdeado nas montanhas do país, até as que possuem cores mescladas fortes em sua intensidade, que vivem nas planícies.

Em algumas partes deste maravilhoso país, temos visto a variedade do preto com o amarelo

ouro, que é mais comum nos desertos africanos, e também outras cujos indivíduos parecem verdadeiras estatuetas de brilhante metal semelhante ao latão dos atlantes.

Algo parecida a esta última é uma curiosa variedade que parece como fundida no bronze, que habita nas vizinhanças dos vulcões ativos, pois são os únicos lugares onde tem sido avistadas, às margens do Vesúvio e do Etna, no interior de Java, nas ilhas Sandwich, no parque Yellowstone do norte dos Estados Unidos e também em certa comarca de Nova Zelândia. Vários indícios dão a entender que esta variedade é a sobrevivência de um tipo primitivo, e representa uma espécie de elo de trânsito entre o gnomo e a fada.

Em alguns casos, comarcas próximas resultam estar habitadas por muito diferentes classes de espíritos da natureza. Por exemplo, segundo já disse, os gnomos de cor verde esmeralda são comuns na Bélgica, entretanto a 160 km. de distância, na Holanda, não se vê nenhum deles, porém existe uma grande variedade de cor púrpura escuro.

Numa montanha sagrada da Irlanda

Coisa estranha é que a altura sobre o nível do mar parece que influi na distribuição geográfica dos espíritos da natureza, pois aqueles que vivem nas montanhas, rara vez se misturam com os das planícies. Lembro-me de que ao ascender à montanha de

Slievenamón, uma das tradicionalmente sagradas da Irlanda, é possível observar os definidos limites de demarcação entre os distintos tipos.

Tanto nas saliências quanto nas encostas inferiores, assim como nas planícies circundantes, encontram-se povoadas por uma maligna e ativíssima variedade vermelha e preta, atraída por centros magnéticos que faz aproximadamente dois mil anos, estabeleceram os sacerdotes magos da antiga raça milesia para assegurar e perpetuar seu domínio sobre as gentes, mantendo-as sob a influência da grande ilusão. Entretanto, depois de meia hora de ascensão pela montanha não foi possível ver nenhum destes seres vermelhos e pretos, pelo contrário a ladeira esta-

C.W. Leadbeater | 49

va povoada por um apaziguador tipo azul moreno que desde muito tempo atrás estava sob as ordens do Tuatha de Danaan.

Também tem estes, suas zonas perfeitamente delimitadas e nenhum outro espírito da natureza de

qualquer outro tipo, atreve-se a penetrar no espaço alheio, nem no cume consagrado aos poderosos devas de cor verde que durante mais de dois mil anos estão ali custodiando um dos centros de força viva que prendem o passado ao futuro da mística terra de Erin. Estes devas superam os homens em estatura, e suas gigantes formas são da cor das folhas novas da primavera, de indescritível suavidade e brilho. Olham para a terra com seus admiráveis olhos que brilham como estrelas, cheios de paz de quem vive no eterno e esperando a chegada do tempo assinalado com a tranqüilidade e certeza que infunde o conhecimento. Ao contemplar semelhante espetáculo, percebe-se plenamente o poderio e a importância do aspecto oculto das coisas, mas para dizer verdade, apenas está oculto, porque sua influência é tão poderosa que mesmo os menos sensitivos a percebem, e assim, explica-se a tradição irlandesa de que, quem dorme uma noite no topo da montanha sagrada, ao acordar pela manhã, ou é poeta ou louco. Será um poeta, se consegue responder à exaltação de todo seu ser, ocasionada pelo tremendo magnetismo que influenciou nele durante seu sono. Será um louco, se não teve forças suficientes para suportar o estremecimento.

Vida e morte das fadas

A duração da vida das diferentes categorias de espíritos da natureza varia muito. Em algumas formas, a vida dura muito pouco, em outras, é mais longa do que a dos humanos. O princípio Universal da reencarnação também prevalece na sua existência, ainda que as condições sejam um tanto diferentes.

Não tem, por exemplo, o que nós chamamos de nascimento e desenvolvimento. A fada aparece no seu mundo já completamente formada, como os insetos. Vive pouco ou muito, sem aparentar fadiga nem necessidade de descanso e sem envelhecer com os anos. Mas chega um tempo em que sua energia se esgota e se sente cansada da vida. Quando isto ocorre, seu corpo vai tornando-se mais diáfano, até se transformar numa entidade astral que vive durante certo tempo neste mundo, entre os espíritos do ar, que para ela, representam a imediata etapa de sua evolução. Depois da vida astral volta a sua alma--grupo, onde, se está bastante adiantada pode ter algo de existência consciente antes que a lei cíclica atua uma vez mais, despertando na fada, o desejo de separação. Então seu impulso dirige-se de novo para fora da corrente de energia, e aquele desejo, trabalhando nas matérias plásticas astrais e etéreas,

materializa um corpo de tipo análogo, próprio para expressar o avanço conseguido na vida anterior.

*S*EUS PRAZERES

Sentem um grande prazer estando à luz e ao resplendor do sol, ainda que sentem o mesmo prazer dançando à luz da lua. Participam da satisfação da sedenta terra, das flores e das árvores ao cair à chuva, e também brincam igualmente quando caem os brancos flocos de neve. Gostam de flutuar calmamente numa tarde de verão, assim como também gostam da violência do vento. Não somente admiram toda a beleza de uma árvore ou de uma flor, as delicadezas de seus matizes ou mesmo a graça de suas formas, senão que também se interessam muitíssimo e sentem um profundo respeito e prazer por todos os processos da natureza, na circulação da seiva, no brotar dos galhos e brotos novos e no nascimento e queda das folhas. Naturalmente que destas características se aproveitam os grandes seres que presidem a evolução, valendo-se dos espíritos da natureza para ajudar à combinação das cores e ao arranjo das variedades.

Além disso, atendem cuidadosamente a vida das aves e insetos no momento da fecundação de seus ovos e na eclosão das crisálidas. Também adoram ver brincando os filhotes de veados, os cordeirinhos, esquilos e outros animaizinhos.

Outra vantagem inestimável da evolução etérea é que estes seres não precisam alimentar seus corpos por meio de comidas e bebidas, pelo contrário, absorvem do éter circundante sem nenhum esforço nem fadiga, toda a matéria necessária para a nutrição de seus corpos. Não cabe dizer que consomem matéria etérea, senão melhor, que continuamente estão efetuando um intercâmbio de partículas, eliminando aquelas desgastadas por terem consumido sua energia e assimilando outras plenamente dinamizadas.

Ainda que os espíritos da natureza não comam, a fragrância das flores os deleita num grau análogo ao prazer que experimentam os seres humanos ao saborear os mais deliciosos manjares. O simples aroma é para eles mais do que um deleite, pois banham seus corpos até ficar totalmente impregnados das fragrâncias.

Os sentidos, incluindo o sistema nervoso destes seres, são muito mais delicados que os nossos. Percebem um grande número de vibrações que naturalmente escapam aos nossos grosseiros sentidos, sentindo odores em plantas e minerais que para nós são totalmente inodoros.

Não tem estrutura interna, uma vez que seus corpos são semelhantes à neblina, portanto não é possível desmembrá-los, ou feri-los, nem lhes afeta o frio ou o calor. Assim sendo, existe uma variedade de fadas que preferem mais a qualquer outra coisa, banhar-se no fogo. Quando acontece um incêndio, rapidamente acodem de todas as partes e se deslizam com um prazer imensurável entre as oscilantes chamas, iguais às crianças humanas que se deslizam num escorregador. Estas fadas são os espíritos do fogo, as salamandras da literatura medieval. Os espíritos da natureza somente podem sentir dor corpórea em conseqüência de uma desagradável e inarmônica emanação ou vibração, porém, podem evitá-la pela faculdade que possuem de poder transladar-se com enorme velocidade de um lugar a outro.

Segundo o observado até agora, as fadas estão totalmente livres da maldição do medo, tão dominante na vida do reino animal, que corresponde em nossa linha de evolução, ao reino das fadas na evolução etérea.

O ROMANTICISMO DAS FADAS

As fadas têm uma imaginação invejavelmente fértil, e nos momentos de recreio com suas companheiras, ficam idealizando todo tipo de fantasias, fantásticos cenários e românticas situações. As fadas podem ser comparadas a um garoto contando histórias aos seus companheiros, ainda com uma

62 | Os Espíritos da Natureza

vantagem sobre a criança, ou seja, como as demais fadas têm visão etérea e astral inferior, todas as idéias e personagens do conto tomam forma visível para os ouvintes durante o transcurso da relação.

Sem dúvida, que muitos destes contos, podem parecer-nos sem muito sentido e de estranha finalidade, porque a inteligência das fadas atua em direção distinta a da nossa; para elas são vividamente reais e motivos inesgotáveis de prazer e alegrias.

A fada que demonstra extraordinário talento em imaginar narrações ganha facilmente o afeto e a

consideração de suas companheiras, sem que jamais lhes falte auditório.

Quando um ser humano vislumbra um grupo de fadas, faz um julgamento segundo seus rotineiros pré-conceitos e toma a fada principal como sendo um rei ou uma rainha, segundo a figura que naquele momento a fada está assumindo. Na realidade o reino dos espíritos da natureza não necessita de regime algum ou de governo, somente a supervisão geral que sobre ele exercem os devas superiores e seus subordinados, mas somente os espíritos de natureza mais elevada percebem esta supervisão.

SUAS ATITUDES EM RELAÇÃO AO SER HUMANO

A maior parte dos espíritos da natureza tem repugnância e evita a companhia dos seres humanos, e isto não deve estranhar, pois para eles, os homens são como demônios devastadores que destroem tudo e todos por onde passam.

Entre horríveis tormentos e a sangue frio, os homens matam as formosas criaturas que os espíritos da natureza tanto cuidam e gostam de tratar. O homem corta e mata as árvores, corta as ervas, arranca as mais belas flores e sem qualquer remorso as deixa morrer. Mata a amável vida no seio da natureza, colocando encima de flores e plantas placas de cimento, tijolos, estradas de asfalto; manipula os produtos químicos provocando odores horríveis e matando a fragrância das flores com a fumaça preta saída das chaminés das indústrias químicas. É estranho que as fadas fujam e se afastem de nós, da mesma maneira que nós fugimos das cobras venenosas?

Não só devastamos tudo quanto existe de mais belo para as fadas, senão que nossos hábitos e emanações lhes desagradam. Envenenamos o ar com fumaças tóxicas, álcool, fumo e poeira negra expelidos pelos escapamentos dos veículos. Nossas inquietas e indômitas paixões levantam um contínuo fluxo de correntes astrais que as perturba constantemente

com o mesmo desgosto que teríamos nós, se nos jogassem um balde de água suja. Para os espíritos da natureza, a companhia do homem seria como estar bem debaixo da fúria de um furacão. Não são anjos, com perfeito conhecimento nem perfeita paciência, senão que são como crianças inocentes e alguns deles como pequenos gatos mansos excepcionalmente inteligentes. Por outro lado, não é de estranhar que tenham repugnância dos homens, que evitem conviver entre nós, sendo que costumamos ofender seus mais nobres e elevados sentimentos.

Existem casos conhecidos onde a intrusão e moléstia por parte do homem para com a natureza fizeram com que as fadas adquirissem uma certa malícia e vingaram os danos causados. Entretanto e de forma geral, apesar das insuportáveis provocações do homem, dificilmente, as fadas, ficam irritadas, pois seu acostumado procedimento para repelir intrusos é alguma brincadeira. Gostam de enganar os intrusos, fazendo-os perderem-se nos caminhos ao atravessar um pântano, fazendo-os dar voltas em círculo a noite toda, enquanto acreditam que estão indo em linha reta, forçando a visão, fazendo-os crer que existem palácios e castelos onde não há nada.

Várias histórias, contos e lendas sobre estas curiosas características das fadas, subsistem tradicionalmente entre os moradores de pequenas aldeias nas comarcas montanhosas.

Feitiço

Todas as fadas possuem eficazes e maravilhosas faculdades de enfeitiçar aqueles que cedem às suas influências, de forma que, enquanto estão sujeitos ao feitiço, só vêem e escutam aquilo que as fadas lhes sugerem, como o hipnotizado que unicamente: vê, escuta, cheira e gosta daquilo que o magnetizador deseja.

Os espíritos da natureza, porém, não possuem a hipnótica condição de dominar a vontade humana, com exceção de quando se trata de pessoas de pobre entendimento e que cedem a um invisível terror durante o qual fica suspensa sua vontade.

As fadas não têm outro poder que o de alucinar os sentidos, mas nesta arte são indiscutivelmente mestras e são conhecidos casos onde foram enfeitiçadas massas de pessoas.

Os cidadãos da Índia efetuam com auxílio delas, seus mais surpreendentes atos, entre estes o do cesto, e outro que lança ao ar acima uma corda que se mantêm rígida no espaço sem qualquer apoio. Todos os espectadores, nestes casos, estão coletivamente alucinados acreditam que estão presenciando uma série de sucessos que na realidade não estão ocorrendo.

O poder do feitiço consiste simplesmente em forjar uma vigorosa imagem mental e projetá-la depois na mente do enfeitiçado. Para a maioria dos homens, isto lhes parecerá impossível, porque nunca o intentaram antes e nem sabem como deve realizar-se. A mente da fada não é tão ampla como a do homem; porém está acostumada a forjar e projetar

imagens para as mentes alheias porque esta é uma das principais tarefas na sua vida cotidiana.

Não é de estranhar que, com a continuidade desta prática, estejam as fadas expertas neste tipo de operações, que resulta muito mais fácil para elas quando, como no caso dos hindus, tenham que se reproduzir centenas de vezes esta mesma imagem, até que cada pormenor se consiga sem esforço como conseqüência do hábito.

Para compreender bem como se faz isto, devemos recordar que as imagens mentais têm realidade, pois são construções de matéria mental e que a linha de comunicação entre a mente e o cérebro físico passa pelas contra-partes astrais e etéreas deste mesmo cérebro, podendo interceptar-se esta comunicação por intermédio de um obstáculo colocado em qualquer ponto intermediário.

Alguns espíritos da natureza costumam concorrer a sessões espíritas com o objetivo de criar enganosamente fenômenos físicos. Quem tenha freqüentado alguma destas seções, lembrará de algumas brincadeiras ou frases engraçadas sem nenhuma maldade, que denotam, quase sempre, a presença de

C.W. Leadbeater | 73

um espírito da natureza, ainda que possa ser atribuída também à presença de alguma entidade que, em vida, acreditava divertir as pessoas com suas bromas e que ainda não adquiriu sabedoria.

Exemplos de amizade

Alguns espíritos da natureza tem contraído amizade com seres humanos, oferecendo-lhes toda quanta ajuda lhes foi possível, como nas conhecidas narrações das serventes escocesas ou as fadas que acendem o fogo da Cinderela. Também houve casos, ainda que muito raros, em que o homem predileto das fadas, foi admitido a presenciar suas festas e compartilhar durante algum tempo do seu gênero de vida.

Diz-se que os animais silvestres se aproximam confiavelmente aos yoguis indianos porque instantaneamente reconhecem que são amigos de todo ser vivo. Da mesma maneira as fadas se aproximam dos homens que seguem o Caminho da Santidade, pois percebem que suas emanações são menos tormentosas e mais agradáveis que as dos homens cujas mentes estão ainda, fixadas nos negócios mundanos.

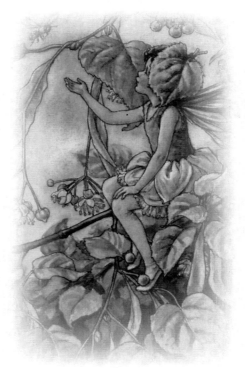

Às vezes tem-se visto que as fadas também se aproximam das crianças pequenas e demonstram-lhes muito afeto, especialmente as que possuem uma viva imaginação e são propensas à criação, pois as fadas são capazes de ver e deleitarem-se das formas das quais as crianças se rodeiam.

Houve, também, casos em que as fadas tomaram vivo carinho por uma criança sumamente simpática e fizeram tentativas de levá-la para suas moradas com o sincero propósito de livrá-la do que a elas lhes parecia o horrível destino de crescer e viver no meio das multidões vulgares dos homens. Tem-se ouvido falar e existem algumas narrações, referentes ao rapto de crianças, apesar de que também obedecem a outras causas das que mais adiante falaremos.

Os espíritos da agua

Por muito numerosas que sejam as fadas que moram sobre a superfície da terra, quase sempre longe da vizinhança do homem, são ainda muito mais numerosas as fadas marinhas, as ondinas, sereias ou espíritos da água, que moram na superfície do mar. Existem tantas variedades quanto na terra.

80 | Os Espíritos da Natureza

Os espíritos da natureza do Pacífico são diferentes daqueles que tem sido vistos no Atlântico, e dos do mar Mediterrâneo. As espécies que brincam no indescritível azul luminoso dos mares tropicais são muito diferentes daquelas que pulam sobre as ondas cinzentas dos mares do norte. Diferentes também são os espíritos dos lagos, rios, cascatas e cachoeiras, pois tem mais pontos análogos com as fadas da terra do que com as ondinas de alto mar.

Suas formas são variadas, ainda que com freqüência lembram a forma humana. Em geral tendem a tomar formas maiores que as fadas dos bosques e montanhas, pois assim como estas são diminutas, as ondinas assumem formas e tamanhos humanos.

A fim de evitar erros, convém insistir na faculdade protéica dos espíritos da natureza. Tanto os da terra como os da água, podem aumentar ou diminuir seu tamanho, segundo a sua vontade e tomar a forma que melhor lhes pareça.

Teoricamente não há restrição nesta faculdade, mas na prática tem seus limites, ainda que sejam muito amplos. Uma fada que tenha meio metro de altura poderá acrescentar sua estatura até se igualar a de um homem, em media 1, 74 m. Mesmo que o esforço para isto tenha sido bastante violento, somente poderia manter-se nesta altura durante quatro minutos. Com a finalidade de assumir uma forma diferente da sua, o espírito da natureza, precisa, em primeiro lugar, concebê-la claramente, e somente poderá manter esta imagem, durante o tempo que consiga fixá-la em sua mente, pois no momento em que se distrair, voltará a sua aparência normal.

Ainda que a matéria etérea possa ser moldada facilmente através do poder do pensamento, não se consegue com a mesma rapidez que a do corpo astral. Cabe aqui dizer, que a matéria mental obedece instantaneamente ao pensamento, e a matéria astral a segue em ordem de rapidez, de forma que o observador comum não percebe a diferença; porém, quanto à matéria etérea, a visão do homem que a possui, pode perceber sem nenhuma dificuldade os aumentos e as diminuições das formas. Uma "sílfide" cujo corpo é formado de matéria astral, muda de forma com a rapidez de um relâmpago. A fada cujo corpo é etéreo, aumenta e diminui de tamanho com assombrosa rapidez, mas não o faz instantaneamente.

Poucos espíritos terrestres são de estaturas gigantescas, entretanto esta é a estatura normal dos espíritos do mar. As fadas da terra costumam trajar-se imaginariamente com prendas e indumentárias humanas, e apresentam-se com estranhos chapéus, calças, vestidos e jaquetas, porém nunca tem sido vistos tais figurinos nos espíritos que habitam do mar.

Quase todas as ondinas têm a faculdade de levantar-se do seu peculiar elemento, flutuar e voar em curtos trechos pelo ar. Gostam de brincar entre as espumas e cavalgar nas cristas das ondas. Não sentem tanta repugnância pelo homem, como suas irmãs terrestres, talvez porque sejam raras as ocasiões em que o homem se depara com elas. Não descem a muita profundidade na água, não costumam submergir além do alcance da luz, de forma que sempre fica considerável espaço entre seus domínios e os daquelas outras criaturas menos evoluídas que moram no interior das águas.

Algumas espécies muito formosas habitam nas águas interiores, onde o homem ainda não tem pos-

sibilidade de dominar. Os resíduos fecais que contaminam as águas lhes produzem grande desgosto, porém gostam das turbinas e dos canais de irrigação nos locais tranqüilos e tem sido vistas brincando nas águas dos moinhos.

Gostam especialmente das cascatas e grandes quedas de água, do mesmo modo que suas irmãs marinhas o fazem sobre as ondas. O grande prazer que lhes produz brincar nas quedas de água ou cataratas faz com que não sintam tanta repugnância do homem nestes lugares específicos e é possível, em dias claros, avistar algumas, durante o verão, nas cataratas do Niagara e mesmo nas cataratas do Iguaçu, no Brasil,

mas geralmente costumam manter-se no centro das quedas e nas rápidas correntes do rio.

Quando os rios começam a ficar gelados, as fadas se transladam, igual ao que fazem as aves em busca de climas mais quentes. O frio não lhes causa nenhum mal, mas as águas congeladas ficam muito paradas e não gostam de brincar nelas. Algumas

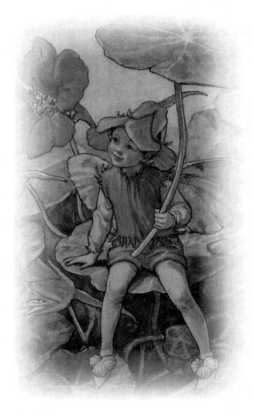

espécies, quando os rios ficam congelados, vão para o mar. Outras não gostam de águas salgadas e preferem migrar para lagos próximos.

Uma interessante variedade de ondinas são os espíritos das nuvens, que passam a maior parte de sua vida nas águas que estão no firmamento. Poderíamos considerá-los como o elo entre os espíritos das águas e os do ar. Seus corpos são formados de matéria etérea como os das ondinas, porém podem permanecer muito mais tempo fora da água. Suas formas costumam ser de grandes tamanhos. São algo parecidas com certas variedades de ondinas e nos dias de céu claro, brincam atirando-se e submergindo-se nas águas do mar. Sua habitual residência é o luminoso silêncio das nuvens, e seu passatempo favorito é modular as nuvens em fantásticas e caprichosas formas, formando figuras, animais etc.

Os Silfos

Vamos considerar agora o tipo superior do reino dos espíritos da natureza, ou seja, a etapa em que convergem as linhas de desenvolvimento das fadas da terra e do mar. As "sílfides" ou espíritos do ar são muito superiores a todos os outros tipos que temos comentado até agora, pois já se desprenderam

de sua matéria física e seu veículo inferior é o astral. São muito superiores em inteligência às classes etéreas e se igualam em geral aos homens, ainda que não estão permanentemente individualizadas.

Pelo fato de estarem muito evoluídos, estes seres podem compreender muito mais sobre a vida que os animais ao se separarem de sua alma grupal, e desta forma ocorre que percebem quando lhes falta a individualidade e almejam consegui-la. Esta é a verdade subjacente nas tradições populares que representam aos espíritos da natureza ansiosos por possuir uma alma imortal.

O procedimento que ordinariamente seguem para consegui-la, é relacionar-se pelo trato e o amor com os devas ou anjos astrais que constituem o grau de evolução imediatamente superior.

Um animal doméstico, como o cachorro ou o gato, consegue o progresso através do desenvolvimento da inteligência e por seus afetos mediante o íntimo contato com seu dono. Não é somente o amor ao dono o que o leva a determinados esforços para compreendê-lo senão que as vibrações do corpo mental do dono influem continuamente em sua mente rudimentar e esta, aos poucos, aumenta em atividade, ao mesmo tempo, o afeto do seu amo desperta em seu corpo astral emoções sempre crescentes.

O homem pode ou não domesticar o animal; mas em todo caso, mesmo sem grande esforço, a íntima relação entre ambos, favorece o progresso evolutivo do inferior. Com o passar do tempo, o desenvolvimento do animal chegará a um nível em que será capaz de receber a terceira Onda, ou melhor, a Efusão de Vida, o que o individualizará, separando-o definitivamente de sua alma grupal.

Agora podemos afirmar que é exatamente isto o que ocorre entre os devas e as sílfides, com a única diferença de que é efetuado de maneira mais eficaz e inteligente. Mesmo um homem, entre mil, não sabe nada a respeito da verdadeira evolução do seu cão ou gato, e nem o animal compreende as possibilidades que o esperam, mas o deva conhece perfeitamente o plano da evolução e em muitos casos também a "sílfide" sabe o que mais lhe convém, e em conseqüência disto trabalha inteligentemente para lográ-lo.

É assim que cada deva astral tem varias "sílfides," ensina-lhes e aprende delas, intercambiando seus afetos. Muitos destes devas astrais servem de agentes aos seres que distribuem o karma e assim ocorre que as "sílfides" costumam ser agentes subalternos desta obra, adquirindo, sem dúvida, grandes conhecimentos, enquanto executam o trabalho a elas designado.

O adepto sabe como utilizar os serviços dos espíritos da natureza, quando deles precisa, e são muitos os assuntos que se lhes podem confiar. No jornal *Broad Views*, de Fevereiro de 1907 foi publicado um admirável relato da forma engenhosa em que um espírito da natureza desempenhou uma tarefa que lhe havia sido confiada por um Adepto. Ficou encarregado de distrair um senhor inválido e doente, e durante cinco dias o manteve entretido com curiosas e interessantes visões, cujo feliz resultado, segundo confirmou o próprio enfermo, "fez alegrar meus dias que em ordinárias circunstancias teriam sido um tedioso sofrimento".

Empregando sua criatividade, o espírito da natureza mostrou-lhe uma desconcertante variedade de cenas nas quais ele aparecia no interior de rocas viventes com uma vasta variedade de seres vivos no seu interior. Também lhe mostrou montanhas, bosques frondosos, caminhos, edifícios de soberba

arquitetura, estátuas enormes finamente esculpidas, belas flores entre outras plantas e palmeiras balançando ao vento. Com os objetos do local, compunha várias cenas de mágica transmutação e na verdade, da curiosa índole do prazer proporcionado, era possível coligir-se a espécie de espírito da natureza dedicado a uma obra tão caritativa.

Os magos orientais às vezes procuram obter ajuda dos espíritos superiores da natureza para suas operações; porém este exemplo não está isento de perigos. De fato tem de usar a invocação ou evocação destes seres. A invocação consiste em atrair o espírito com súplicas para conseguir a ajuda necessária. A evocação consiste em atualizar influências que levam o espírito a obedecer. Se fracassar no intento, o mago se expõe a provocar sua hostilidade com risco de inutilizá-lo permanentemente, ou pelo menos o colocará em situação ridícula.

Existem muitas variedades de sílfides que se diferenciam em poder, inteligência, aspecto e costumes. Naturalmente que não estão tão contraídas a determinados lugares como as outras classes já descritas, ainda que pareçam reconhecer os limites das diversas zonas de altitude, uma variedade flutua sempre perto da superfície terrestre enquanto outras espécies, raras vezes ficam perto. De maneira geral, compartilham da mesma repugnância pela vizinhança com os seres humanos e seus inquietos desejos; em algumas raras ocasiões suportam esta repugnância em troca de diversões e brincadeiras.

SEUS DIVERTIMENTOS

Divertem-se animando formas mentais de várias classes. Por exemplo, um novelista produz vigorosas formas mentais de todos seus personagens e vai movimentando-os, como se fossem marionetes, no seu diminuto cenário; pois às vezes um tropel de brincalhões espíritos da natureza apodera-se das formas mentais criadas pelo novelista e desenvolve uma ação sob um plano improvisado pela excitação do momento, de tal modo que o desalentado autor percebe que seus pequenos bonecos se escapam da mão dele, parecendo demonstrar vontade própria.

Os desejos de brincar, tão característicos em algumas fadas, persistem nas espécies inferiores de "sílfides", cujas personificações não são já de índole tão inofensiva.

Pessoas cujo mal karma as colocou sob o domínio da teologia supersticiosa e ainda não tem inteligência ou fé bastante para desfazer suas blasfemas doutrinas, produzem com suas temerosas emoções, horríveis formas mentais do imaginário demônio a quem sua superstição concede tão predominante papel no universo. Sinto dizer que alguns travessos espíritos da natureza são incapazes de resistir à tentação de se transformarem nestas terríveis formas mentais, levando na brincadeira a aparecer-se com chifres, mostrar enormes dentes caninos ou jogar fogo pelas narinas.

Quem conhece a índole destes demônios de pantomima, não sofrerá nenhum dano; porém as crianças que são bastante receptivas a estes vislumbres de tão espantosos aspectos, sentem profundo terror, mesmo tendo sido avisadas de sua falsidade.

O espírito da natureza, em nenhum momento sente medo porque não o conhece, por isso não vê as graves conseqüências de suas travessuras, pelo contrário, acredita que o medo do menino é fingido e que faz parte da brincadeira.

Não podemos condenar o espírito da natureza, a partir do momento em que consentimos que nossas crianças fiquem prisioneiras de uma grosseira superstição, descuidando de explicar-lhes a verdade que Deus é amor, e o amor perfeito desvanece todos os temores.

Se o espírito do ar aterroriza assim, de quando em quando, às crianças viventes mal instruídas, devemos também saber sua atividade de entreter e distrair a milhares de crianças que nós chamamos de "mortas" pois brincar com elas e diverti-las de mais de cem maneiras, é umas das suas tarefas.

As "sílfides" têm percebido a oportunidade que lhes oferecem as sessões espíritas, e algumas delas freqüentam estas com os nomes de Dália ou Girassol. São capazes de dar sessões muito interessantes porque conhecem muitas coisas a respeito das condições e índoles da vida astral. Respondem rapidamente às perguntas, com tanta veracidade como seus conhecimentos lhes permite e com aparência de profundidade, quando o assunto está mais além do seu alcance. Produzem ruídos, movimentos e o acender e apagar das luzes sem o menor esforço, e estão dispostas a levar qualquer mensagem que seja necessária, não para fazer mal nem enganar, senão pelo prazer de experimentar, de servir como mensageiras, vendo-se adoradas e reverenciadas com profunda devoção e afeto como "queridos espíritos" e "anjos da custodia". Compartilham a complacência de todos os participantes destas sessões e lhes satisfaz a benéfica obra de consolar aos tristes.

Morando no plano astral, a quarta dimensão para elas é um fato comum na sua existência, e isto lhes facilita muitas brincadeiras que para nós poderiam ser prodigiosas, tais como tirar objetos de uma caixa fechada ou pôr flores num aposento igualmente fechado.

As sílfides ou espíritos do ar que assistem às sessões espíritas conhecem os desejos e sentimentos dos participantes, de maneira que podem ler nas suas mentes todos os pensamentos, menos as idéias abstratas, e têm ao seu alcance toda classe de materializações, com a finalidade de dispor de tão conveniente material.

Percebe-se, portanto, que sem necessidade de auxílio alheio, são capazes de proporcionar diversas distrações e jogos, como, sem dúvida, assim o fazem freqüentemente. Não quero dizer de modo algum que os espíritos da natureza sejam as únicas entidades que atuam em sessões espíritas. O manifesto "espírito" é com freqüência o mesmo que diz ser; mais também é verdade que às vezes não é nem remotamente, e o vulgar participante não tem meio algum de distinguir entre a legitimidade e a impostura.

Desenvolvimento anormal

Conforme já foi dito, a linha normal de progresso do espírito da natureza é conseguir a individualidade pelo trato com um deva; porém, existem indivíduos que se desviaram desta norma. O intenso afeto da sílfide pelo anjo é o fator principal para a individualização, e os casos anormais são aqueles em que, em lugar de pôr a "sílfide" seu afeto num deva, o põe num ser humano. Isto implica uma tão completa inversão da comum atitude destes seres para com a humanidade, que ocorre, raras vezes; mas quando ocorre e o amor é o suficientemente intenso para conduzir à individualização, desvia o espírito da natureza de sua peculiar linha de desenvolvimento, trazendo-o para a humanidade, de tal modo que o ego reencarna como ser humano e não como deva.

Isto é o que nos dão a entender as tradições e lendas nas que um espírito não humano se apaixona por um ser humano e deseja ardentemente obter uma alma imortal, para poder estar toda a eternidade com o objeto do seu amor. Ao encarnar um espírito assim, em forma humana, como resultado é um ser estranho de caráter afetuoso e emocional, mas caprichoso, primitivo em certos aspectos e sem o mais leve senso de responsabilidade.

Sabemos de casos em que às vezes uma "sílfide", profundamente apaixonada por um ser humano, seja homem ou mulher, porém não o bastante para que seu afeto determine a individualização,

fez um esforço vigoroso para forçar a entrada no mundo dos humanos, tomando o corpo de uma criança moribunda, quem aparentemente recobrou a vida como se o destino o arrebatara das garras da morte. Mas por causa de não estar a sílfide acostumada às restrições do corpo físico, denso no qual se incorporou, causa na criança uma mudança notável, ficando mais briguento e irascível.

Se a "sílfide" fosse capaz de se adaptar ao corpo físico no qual se incorporou, nada a impediria de conservá-lo por toda uma vida de ordinária duração, e se no seu transcurso conseguisse desenvolver um afeto bastante vivo para se desligar da alma grupal, reencarnaria normalmente como ser humano. Se durante o decorrer daquela vida forçadamente humana, não consegue intensificar na medida necessária o seu afeto, retornará, depois da morte, para sua peculiar linha de evolução.

Estes fatos corroboram a verdade contida nas lendas e tradições de suplantação de criaturas, que abundam em todos os países do mundo.

Vantagens deste estudo

O reino dos espíritos da natureza é um interessantíssimo campo de estudo ao qual não se têm dada muita atenção. Apesar de ser mencionado com freqüência em toda a literatura ocultista, não se vê qualquer intenção de classificá-lo cientificamente.

Este vasto reino da natureza necessita de um Cuvier ou de um Linneo; porém, em havendo muitos investigadores, poderemos esperar que um deles tome conta da tarefa e nos proporcione com qualidade de obra prima de sua vida, uma acabada e completa história natural destes deliciosos seres.

Certamente não seria trabalho perdido nem estudo inútil. É conveniente conhecer os espíritos da natureza, não só pela influência que em nós exercem, senão que, ao compreender uma linha de evolução tão distinta da humana, amplia-se nossa mente e reconhecemos que o mundo não existe somente para nós e que nosso ponto de vista não é o único e nem o mais importante.

As viagens por países estrangeiros produzem o mesmo efeito, ainda que em menos grau por que ensinam ao homem livre de preconceitos, que raças, tão valiosas quanto a sua em todos os aspectos, podem diferir notavelmente dela em multidões de características.

No estudo dos espíritos da natureza, encontramos a mesma idéia, muito mais ampla. É um reino radicalmente diferente, sem sexo, livre de temores, ignorante de lutas pela existência, e a meta final de sua evolução é, em tudo e por tudo, análoga àquela que alcançamos pela linha da evolução humana.

Quando consigamos aprender isto, poderemos descobrir algo mais dos múltiplos aspectos do Logos e aprenderemos a ser modestos, caridosos e tolerantes de pensamento.